PASTA
ITALIANA

100 RECETAS

Librero

Índice

AJO, GUINDILLA Y PEREJIL

 5 minutos de preparación

 15 minutos de cocción

 para 4 personas

espaguetis
250 g

ajo
× 5 dientes

aceite de oliva
5 cl

guindilla molida
(peperoncino)
1 cucharadita

○ Pique el ajo pelado y el perejil.

○ Ponga los espaguetis, el ajo y la guindilla molida en una sartén grande o en una cacerola. Vierta 70 cl de agua. Añada el aceite y ½ cucharadita de sal.

○ Lleve a ebullición. Baje el fuego y deje que cueza durante 12 minutos, removiendo con frecuencia.

○ Rectifique la sal si es necesario. Justo antes de servir, añada el perejil.

perejil
× 6 ramitas

espaguetis

BOLOÑESA VEGANA

🔪 **5 minutos de preparación**

🍲 **15 minutos de cocción**

☺ **para 4 personas**

espaguetis
250 g

cebolla
× 1

○ Pele la cebolla y el ajo. Pique la cebolla y maje el ajo.

○ Ponga los espaguetis, la cebolla, el ajo, el tomate, el tomillo y las hortalizas picadas en una sartén grande. Añada 70 cl de agua, pimienta molida y ½ cucharadita de sal.

tomate troceado
en conserva
400 g

ajo
× 4 dientes

○ Lleve a ebullición. Baje el fuego y deje que cueza durante 12 minutos, removiendo con frecuencia.

○ Rectifique la sal si es necesario. Si quiere que tenga más sabor, añada zanahoria y apio cortados en dados y un chorrito de aceite de oliva.

sustituto vegetal de
carne picada
200 g

tomillo
× 3 ramitas

6

espaguetis

CARBONARA

 2 minutos de preparación

 15 minutos de cocción

 para 4 personas

espaguetis
250 g

nata líquida
40 cl

○ En una sartén grande, ponga todos los ingredientes excepto el queso y las yemas. Añada ½ cucharadita de sal, 40 cl de agua y pimienta molida. Lleve a ebullición.

○ Baje el fuego y deje que cueza durante 12 minutos, removiendo con frecuencia.

panceta en tiras
200 g

queso parmesano
50 g

○ Apague el fuego, añada el queso parmesano rallado y las yemas. Remueva con energía y, si es necesario, rectifique la sal. También puede servir las yemas crudas en el plato.

yemas de huevo
× 2

8

espaguetis

ATÚN, KÉTCHUP Y ALBAHACA

espaguetis
250 g

tomates
× 10

 25 minutos de preparación

 15 minutos de cocción

 para 4 personas

atún en aceite de oliva
300 g

nata líquida
5 cl

○ Lave los tomates, pélelos con un cuchillo y córtelos en dados pequeños. Lave la albahaca; reserve algunas hojas y pique las demás.

○ En una cacerola a fuego medio, eche el tomate troceado, la nata líquida y la albahaca. Mezcle. Añada el atún desmenuzado con su aceite y el kétchup. Mantenga a fuego bajo durante 12-15 minutos.

○ Cueza los espaguetis y mézclelos con la salsa de tomate.

○ Salpimiente y esparza por encima las hojas de albahaca.

kétchup
7 cl

albahaca
× 20 hojas

10

SALMÓN AHUMADO AL ENELDO

 15 minutos de preparación

 10 minutos de cocción

 para 4 personas

espaguetis
250 g

salmón ahumado
× 4 lonchas

○ Ralle el queso parmesano. Lave el eneldo y córtelo en trozos grandes. Corte el salmón en trozos medianos.

hojas de espinaca
100 g

yemas de huevo
× 3

○ En una cacerola a fuego medio, ponga la pasta caliente, las hojas de espinacas y el eneldo. Remueva bien. Apague el fuego.

○ Justo antes de servir, vierta las yemas de huevo sobre la pasta y mezcle con cuidado. Espolvoree con parmesano y salpimiente.

queso parmesano
25 g

eneldo
× 3 ramitas

12

GAMBAS, TOMATE Y RÚCULA

espaguetis
250 g

gambas crudas
congeladas
300 g

 15 minutos de preparación

 10 minutos de cocción

 para 4 personas

tomates secos en aceite
100 g

lima
× 1

○ Pele las gambas. Pele y maje el ajo. Corte los tomates en tiras.

○ En una sartén grande, ponga la pasta, 65 cl de agua, 5 cl del aceite de los tomates, ½ cucharadita de sal y pimienta molida. Añada luego los tomates, el ajo, y el zumo y la ralladura de la lima. Lleve a ebullición.

○ Baje el fuego y deje que cueza durante 8 minutos, removiendo con frecuencia. Agregue las gambas al cabo de 5 minutos.

○ Apague el fuego. Mezcle y sirva con la rúcula.

ajo
× 4 dientes

rúcula
80 g

espaguetis

MARISCO

espaguetis
250 g

vino blanco
20 cl

 5 minutos de preparación

 15 minutos de cocción

 para 4 personas

○ Pele y maje el ajo. Pique el perejil.

○ Ponga todos los ingredientes excepto el perejil en una sartén, o una cacerola grande. Añada ½ cucharadita de sal, 30 cl de agua y pimienta molida. Lleve a ebullición.

salsa arrabbiata
350 g

marisco congelado
400 g

○ Baje el fuego y deje que cueza durante 10 minutos, removiendo con frecuencia.

○ Rectifique la sal si es necesario. Sirva con el perejil. Si desea que el marisco quede más firme, añádalo a media cocción.

ajo
× 4 dientes

perejil
× 6 ramitas

16

GAMBAS AL ESTILO GRIEGO

🔪 **15 minutos de preparación**

🍲 **10 minutos de cocción**

☺ **para 4 personas**

espaguetis
250 g

gambas cocidas
100 g

○ Corte las gambas por la mitad longitudinalmente. Exprima el limón. Lave y pique la hierbabuena. Pele el ajo.

○ Vierta en un bol los yogures, 1 o 2 cucharadas de zumo del limón, el ajo picado y la hierbabuena. Remueva bien.

yogur griego
× 2

ajo
× ½ diente

○ Añada las gambas. Salpimiente.

○ Cueza los espaguetis y mézclelos con la salsa.

hierbabuena
× 10 hojas

limón
× 1

18

espaguetis

PULPO AL AJILLO

 10 minutos de preparación

 5 minutos de cocción

 para 4 personas

espaguetis
250 g

mantequilla
80 g

○ Saque el pulpo del envase. Lave y pique el perejil. Pele el ajo.

○ En una cacerola, derrita a fuego lento la mantequilla cortada en láminas. Añada el ajo majado, el pulpo y el perejil. Mezcle con una cuchara de madera. Deje que los aromas se liberen durante 3-5 minutos.

○ Mezcle con la pasta cocida y las bolitas de mozzarella. Salpimiente.

perejil
× 2-3 ramitas

ajo
× 1 diente pequeño

pulpo marinado
200 g

mozzarella
× 10 bolitas

20

ANCHOAS, AJO Y VINO BLANCO

 5 minutos de preparación

 15 minutos de cocción

 para 4 personas

espaguetis
250 g

vino blanco
20 cl

anchoas en aceite de oliva
80 g

cebolla
× 1 pequeña

ajo
× 3 dientes

perejil
× 6 ramitas

○ Pele la cebolla y el ajo. Pique la cebolla y el perejil y maje el ajo.

○ Ponga todos los ingredientes excepto el perejil en una sartén, o una cacerola grande. Agregue también el aceite de las anchoas. Añada ½ cucharadita de sal, 50 cl de agua y pimienta molida. Lleve a ebullición.

○ Baje el fuego y deje que cueza durante 12 minutos, removiendo con frecuencia.

○ Rectifique la sal si es necesario. Sirva con el perejil.

LIMÓN CONFITADO Y CILANTRO

5 minutos de preparación

15 minutos de cocción

para 4 personas

espaguetis
250 g

tomate concentrado
70 g

○ Corte el limón confitado en dados. Lave el cilantro y píquelo.

○ Ponga los espaguetis, el tomate concentrado, el limón, el aceite y la harisa en una sartén, o una cacerola grande. Añada 70 cl de agua y ½ cucharadita de sal. Lleve a ebullición.

limón confitado
× 1 pequeño

aceite de oliva
× 5 cl

○ Baje el fuego y deje que cueza durante 12 minutos, removiendo con frecuencia.

○ Rectifique la sal si es necesario. Sirva con el cilantro.

harisa fresca
1 cucharada colmada

cilantro
× ½ manojo

24

JUDÍAS VERDES Y SÉSAMO

 10 minutos de preparación

 15 minutos de cocción

 para 4 personas

espaguetis
250 g

judías verdes
250 g

○ Quite las puntas de las judías. Pele el ajo y píquelo o májelo. Disuelva poco a poco el miso y la tahina en 80 cl de agua.

miso marrón
2 cucharadas

tahina
2 cucharadas

○ Ponga todos los ingredientes excepto el limón en una sartén grande. Añada pimienta molida. Lleve a ebullición. Baje el fuego y deje que cueza durante 12 minutos, removiendo con frecuencia.

○ Añada la ralladura del limón y la mitad de su jugo. Mezcle y rectifique la sal si es necesario.

ajo
× 4 dientes

limón
× 1

26

ESPÁRRAGOS Y HUEVO

espaguetis
250 g

espárragos
× 1 manojo

 **15 minutos de preparación**

5 minutos de cocción

para 4 personas

yemas de huevo
× 3

queso parmesano
25 g

○ Ralle finamente el queso parmesano.

○ Lave los espárragos, corte la parte inferior y pélelos hasta la punta. Lleve a ebullición 1 litro de agua y cueza en ella los espárragos durante 5 minutos. Escúrralos y trocéelos.

○ Coloque los espárragos y la pasta todavía caliente en una fuente de servir. Mezcle.

○ Ponga las yemas de huevo sobre la pasta y mezcle con cuidado. Añada queso parmesano rallado y pimienta molida.

espaguetis

CERVEZA Y PUERRO

25 minutos de preparación

15 minutos de cocción

para 4 personas

espaguetis
250 g

puerros
250 g

ajo
× 2 dientes

tomillo
× 4 ramitas

nata espesa
20 cl

cerveza rubia
10 cl

○ Lave los puerros y córtelos en rodajas finas. Lávelos de nuevo. Pele el ajo y píquelo.

○ En una cacerola a fuego medio, eche los puerros y la cerveza. Remueva durante 5 minutos. Añada el ajo y las ramitas de tomillo. Deje que cueza durante unos 10 minutos.

○ Antes de servir, agregue la nata y mantenga a fuego bajo unos minutos. Salpimiente.

○ Mezcle la salsa con la pasta caliente.

30

espaguetis

WHISKY Y CALABAZA

 25 minutos de preparación

 20 minutos de cocción

 para 4 personas

espaguetis
250 g

calabaza congelada
500 g

○ Lave el perejil y píquelo muy fino. Pele el ajo y córtelo por la mitad.

○ En una cacerola a fuego medio, ponga 20 cl de agua, la calabaza congelada y el ajo. Deje que cueza durante unos 10 minutos, removiendo de vez en cuando.

whisky
3 cl

perejil
× 2 ramitas

○ Agregue el whisky y mezcle bien para que se integre. Añada el comino y el perejil. Mantenga a fuego bajo durante 5 minutos. Salpimiente.

○ Mezcle la salsa con la pasta caliente.

comino
1 cucharadita

ajo
× 3 dientes

32

tallarines

HORTALIZAS Y SALSA DE SOJA

 10 minutos de preparación

 20 minutos de cocción

 para 4 personas

linguine
250 g

col
× ¼

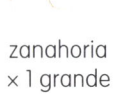

○ Pique la col. Pele el ajo y píquelo. Corte la zanahoria en tiras con un pelador y el tofu en dados.

○ Ponga todos los ingredientes en una sartén grande. Condimente con pimienta molida y agregue 75 cl de agua. Lleve a ebullición.

○ Baje el fuego y deje que cueza durante unos 15 minutos, removiendo con frecuencia.

○ Rectifique la sal. También puede añadir un chorrito de aceite de sésamo.

zanahoria
× 1 grande

ajo
× 4 dientes

tofu blando
200 g

salsa de soja
4 cucharadas

34

tallarines

PRIMAVERA

 10 minutos de preparación

 20 minutos de cocción

 para 4 personas

linguine
250 g

espárragos verdes
× 1 manojo

- ○ Pele el ajo y píquelo. Elimine la parte inferior de los espárragos y córtelos en tres trozos.

- ○ Ponga todos los ingredientes en una sartén grande. Añada 70 cl de agua, pimienta molida y ½ cucharadita de sal. Lleve a ebullición.

tomates cherry
250 g

guisantes congelados
100 g

- ○ Baje el fuego y deje que cueza durante unos 15 minutos, removiendo con frecuencia.

- ○ Rectifique la sal.

ajo
× 4 dientes

aceite de oliva
5 cl

36

TOMATE, MOZZARELLA Y ALBAHACA

 5 minutos de preparación

 15 minutos de cocción

 para 4 personas

linguine
250 g

tomates cherry
250 g

○ Pele el ajo y píquelo. Separe las hojas de albahaca del tallo. Trocee la mozzarella.

○ Ponga la pasta, el ajo, el aceite de oliva y los tomates en una sartén grande. Añada ½ cucharadita de sal, 70 cl de agua y pimienta molida. Lleve a ebullición.

ajo
× 4 dientes

aceite de oliva
5 cl

○ Baje el fuego y deje que cueza durante 12 minutos, removiendo con frecuencia.

○ Agregue la mozzarella, deje que se funda durante 1 minuto y añada la albahaca. Rectifique la sal.

albahaca
× 1 manojo grande

mozzarella
250 g

AJO, BOLETUS Y PEREJIL

 5 minutos de preparación

 10 minutos de reposo
10 minutos de cocción

 para 4 personas

tagliatelle
250 g

boletus deshidratados
20 g

○ Ponga los boletus en remojo en 85 cl de agua durante 10 minutos. Pele el ajo y píquelo.

○ Ponga en una sartén grande la pasta, los boletus, el agua del remojo, el aceite y el ajo.

aceite de oliva
5 cl

parmesano rallado
60 g

○ Sazone con pimienta molida y ½ cucharadita de sal. Lleve a ebullición. Baje el fuego y deje que cueza durante 8 minutos, removiendo con frecuencia. Apague el fuego. Añada el queso y el perejil picado y mezcle. Tape la sartén y deje reposar 2 minutos.

ajo
× 4 dientes

perejil
× 6 ramitas

○ Mezcle otra vez y rectifique la sazón si es necesario.

40

HABITAS, MOZZARELLA Y HIERBABUENA

tagliatelle
250 g

habitas congeladas
200 g

 5 minutos de preparación

 10 minutos de cocción

 para 4 personas

mozzarella
250 g

limón
× 1

○ Desmenuce la mozzarella en trozos grandes y deshoje la hierbabuena.

○ Ponga en una sartén grande la pasta, el aceite, las habitas, 70 cl de agua, ½ cucharadita de sal y pimienta molida. Lleve a ebullición.

○ Baje el fuego y deje que cueza durante 8 minutos, removiendo con frecuencia. Añada la mozzarella y espere 1 minuto a que se funda.

○ Añada la hierbabuena y la ralladura del limón. Mezcle bien y rectifique la sal.

hierbabuena
× ½ manojo

aceite de oliva
× 5 cl

POLLO, CURRI Y NATA

linguine
250 g

pollo fileteado
300 g

🔪 **5 minutos de preparación**

🍲 **20 minutos de cocción**

☺ **para 4 personas**

○ Corte el pollo en trozos regulares. Pele el ajo y píquelo.

○ Ponga todos los ingredientes en una sartén grande. Añada 50 cl de agua y ½ cucharadita de sal.

nata líquida
40 cl

menestra congelada
300 g

○ Lleve a ebullición. Baje el fuego y deje que cueza durante unos 15 minutos, removiendo con frecuencia.

○ Rectifique la sal si es necesario. Si prefiere que las verduras queden crujientes, añádalas a media cocción.

curri en polvo
2 cucharadas

ajo
× 3 dientes

44

SALMÓN, QUESO Y ESPÁRRAGOS

linguine
250 g

espárragos verdes
× 1 manojo

 10 minutos de preparación

 15 minutos de cocción

 para 4 personas

○ Retire la parte inferior de los espárragos y córtelos en tres trozos. Corte el salmón en tiras.

queso para untar natural
150 g

salmón ahumado
× 6 lonchas

○ Ponga la pasta, el queso y los espárragos en una sartén grande. Agregue 70 cl de agua, ½ cucharadita de sal y pimienta molida. Lleve a ebullición.

○ Baje el fuego y deje que cueza durante 12 minutos, removiendo con frecuencia.

○ Apague el fuego, añada el salmón, la ralladura del limón, un chorrito de jugo y el eneldo. Remueva y rectifique la sazón si es necesario.

eneldo
× 6 ramitas

limón
× 1

46

tallarines

ATÚN, HINOJO Y LIMÓN

 5 minutos de preparación

 15 minutos de cocción

 para 4 personas

tagliatelle
250 g

atún en aceite de oliva
300 g

hinojo
× 1 grande

tomates cherry
250 g

limón confitado
× 1

aceitunas negras
100 g

○ Corte el limón confitado en dados. Lave el hinojo, retire la raíz interior y píquelo.

○ Ponga todos los ingredientes y el aceite del atún en una sartén grande. Añada 70 cl de agua, ½ cucharadita de sal y pimienta molida.

○ Lleve a ebullición. Baje el fuego y deje que cueza durante unos 10 minutos, removiendo con frecuencia.

○ Rectifique la sazón si es necesario. Añada el atún en el último momento para evitar que se deshaga.

48

SALMÓN, AGUACATE Y LIMÓN

linguine
250 g

salmón fresco
300 g

 15 minutos de preparación

 5 minutos de reposo
15 minutos de cocción

 para 4 personas

aguacates maduros
× 2

limas
× 2

cebolletas
× 4

cilantro
× 1 manojo

○ Corte el salmón en dados. Pele y deshuese los aguacates y córtelos en dados. Marínelos con el jugo y la ralladura de la lima. Condimente. Pique las cebolletas.

○ Ponga en una sartén grande todos los ingredientes, el líquido de marinar y 70 cl de agua. Añada pimienta molida y ½ cucharadita de sal. Lleve a ebullición.

○ Baje el fuego y deje que cueza durante 12 minutos, removiendo con frecuencia.

○ Rectifique la sazón. Sirva con las hojas de cilantro. Añada los dados de aguacate al final de la cocción para que se mantengan enteros.

tallarines

GAMBAS Y COCO

 10 minutos de preparación

 20 minutos de cocción

 para 4 personas

tagliatelle
250 g

jengibre
50 g

limoncillo
× 4 tallos

gambas congeladas
300 g

lima
× 1

leche de coco
40 cl

○ Corte el jengibre en juliana y el limoncillo en trozos al bies.

○ Ponga en una sartén grande todos los ingredientes excepto la lima. Añada ½ cucharadita de sal y 50 cl de agua. Lleve a ebullición.

○ Baje el fuego y deje que cueza durante unos 15 minutos, removiendo con frecuencia.

○ Sirva con el zumo y la ralladura de la lima.

52

PASTÍS Y GAMBAS

 25 minutos de preparación

 15 minutos de cocción

 para 4 personas

linguine
250 g

pastís
8 cl

○ Pele y corte la cebolla. Lave el hinojo, retire la raíz interior y córtelo en rodajas finas.

gambas grandes
× 8 gambas enteras

cebolla
× 1

○ En una sartén a fuego medio, poche la cebolla junto con el pastís y 3 cl de agua. La cebolla ha de quedar translúcida. Añada las gambas y rehóguelas a fuego medio. Retírelas, quíteles las patas y pélelas.

○ Añada el hinojo a la sartén y rehóguelo a fuego medio durante 5 minutos. Añada la nata y remueva. Devuelva las gambas a la sartén. Salpimiente.

○ Mezcle la pasta caliente con la salsa.

nata espesa
25 cl

hinojo
× 1 pequeño

54

tallarines

SARDINAS, COMINO Y LIMÓN

 5 minutos de preparación

 10 minutos de cocción

 para 4 personas

tagliatelle
250 g

sardinas en
aceite de oliva
× 2 latas

limón confitado
× 1

cebolla
× 1

comino
1 cucharada colmada

perejil
× 6 ramitas

○ Pele y pique la cebolla. Corte el limón confitado en dados y pique el perejil.

○ Ponga en una sartén grande la pasta, la cebolla, el comino, el limón y el aceite de las sardinas. Añada 80 cl de agua, ½ cucharadita de sal y pimienta molida. Lleve a ebullición.

○ Baje el fuego y deje que cueza durante 8 minutos. Remueva con frecuencia para que los nidos de tagliatelle se deshagan del todo.

○ Añada las sardinas. Rectifique la sal si es necesario. Sirva con el perejil.

tallarines

MISO, SETAS SHIITAKE Y PUERRO

✎ **5 minutos de preparación**

🍲 **15 minutos de cocción**

☺ **para 4 personas**

tagliatelle
250 g

puerro
× 1

○ Ponga las setas en remojo en 80 cl de agua. Lave el puerro y píquelo. Corte el tofu en dados.

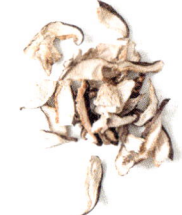

○ Incorpore todos los ingredientes a una sartén grande. Lleve a ebullición.

setas shiitake
deshidratadas picadas
20 g

miso marrón
2 cucharadas

○ Baje el fuego y deje que cueza durante unos 10 minutos. Remueva con frecuencia para que los nidos de tagliatelle se deshagan del todo.

tofu blando
200 g

aceite de sésamo
3 cucharadas

BERENJENA, FETA Y HIERBABUENA

 5 minutos de preparación

 20 minutos de cocción

 para 4 personas

penne
250 g

berenjenas asadas
congeladas
300 g

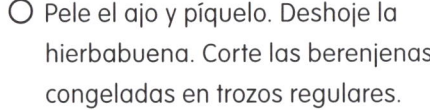

tomate concentrado
70 g

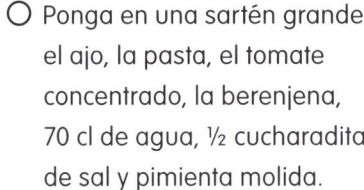

ajo
× 4 dientes

feta
100 g

hierbabuena
½ manojo

○ Pele el ajo y píquelo. Deshoje la hierbabuena. Corte las berenjenas congeladas en trozos regulares.

○ Ponga en una sartén grande el ajo, la pasta, el tomate concentrado, la berenjena, 70 cl de agua, ½ cucharadita de sal y pimienta molida.

○ Lleve a ebullición. Baje el fuego y deje cocer durante 15 minutos, removiendo con frecuencia.

○ Añada el queso feta desmenuzado y la hierbabuena. Rectifique la sal.

60

ALCACHOFAS Y CHAMPIÑONES

 10 minutos de preparación

 20 minutos de cocción

 para 4 personas

pipe rigate
250 g

champiñones Portobello
300 g

alcachofas en aceite
250 g

ajo
× 4 dientes

perejil
× 6 ramitas

aceitunas negras
100 g

○ Corte los champiñones en láminas gruesas. Escurra las alcachofas y córtelas por la mitad. Pele el ajo y píquelo.

○ Ponga en una sartén grande todos los ingredientes excepto el perejil. Añada 5 cl del aceite de las alcachofas, ½ cucharadita de sal, 70 cl de agua y pimienta molida. Lleve a ebullición.

○ Baje el fuego y deje que cueza durante unos 15 minutos sin dejar de remover. Rectifique la sal. Añada el perejil picado. Si prefiere que las alcachofas queden firmes, añádalas a media cocción.

MOSTAZA Y RÚCULA

 20 minutos de preparación

 10 minutos de cocción

 para 4 personas

penne rigate
250 g

mostaza
1,5 cucharaditas

mantequilla
40 g

cebolla
× 1

nata espesa
250 ml

rúcula
2 puñados

○ Pele la cebolla y córtela. Lave la rúcula.

○ Corte la mantequilla en láminas y derrítala en una sartén a fuego bajo. Rehogue la cebolla hasta que quede translúcida.

○ Añada la nata y la mostaza. Mezcle bien e incorpore la rúcula. Salpimiente. Mantenga a fuego bajo durante 3-5 minutos.

○ Mezcle con la pasta caliente y sirva.

GARBANZOS Y COMINO

 5 minutos de preparación

 20 minutos de cocción

 para 4 personas

penne
250 g

garbanzos
400 g

○ Pele la cebolla y píquela. Deshoje el cilantro. Lave y escurra los garbanzos.

comino
1 cucharada colmada

cilantro
× 1 manojo

○ Ponga todos los ingredientes excepto el cilantro en una sartén grande. Añada ½ cucharadita de sal, 70 cl de agua y pimienta molida. Lleve a ebullición.

○ Baje el fuego y deje que cueza durante unos 15 minutos, removiendo todo el tiempo.

aceite de oliva
5 cl

cebolla
× 1

○ Rectifique la sazón. Sirva con el cilantro y, si lo desea, añada un chorrito de zumo del limón para darle un toque ácido.

TOMATE, ESPÁRRAGOS Y POLLO

 10 minutos de preparación

 15 minutos de cocción

 para 4 personas

penne rigate
250 g

pollo fileteado
250 g

tomates secos en aceite
80 g

espárragos verdes
× 1 manojo

ajo
× 4 dientes

tomillo
× 4 ramitas

○ Pele el ajo y píquelo. Trocee los tomates y el pollo. Retire la parte inferior de los espárragos y córtelos en tres trozos.

○ Ponga todos los ingredientes en una sartén grande. Añada 70 cl de agua, ½ cucharadita de sal, 5 cl del aceite de los tomates y pimienta molida. Lleve a ebullición.

○ Baje el fuego y cueza durante unos 10 minutos. Remueva con frecuencia y, si es necesario, rectifique la sazón.

68

CALABAZA, SCAMORZA Y SPECK

 10 minutos de preparación

 15 minutos de cocción

 para 4 personas

penne rigate
250 g

speck
100 g

○ Corte la calabaza en dados
y trocee la scamorza.

scamorza
150 g

rúcula
80 g

○ Ponga todos los ingredientes
excepto el queso y la rúcula en
una sartén grande. Añada 70 cl
de agua, ½ cucharadita de sal y
pimienta molida. Lleve a ebullición.

○ Baje el fuego y deje que cueza
durante 12 minutos, removiendo
con frecuencia.

calabaza violín
300 g

aceite de oliva
5 cl

○ Apague el fuego, añada la
scamorza y la rúcula. Tape la
sartén, espere 1 minuto y mezcle.
Si es necesario, rectifique la sazón.

70

CARBONARA VEGANA

penne rigate
250 g

leche de almendras
70 cl

 10 minutos de preparación

 15 minutos de cocción

 para 4 personas

○ Pele el ajo y píquelo. Corte el tofu en dados y pique el perejil.

○ Ponga todos los ingredientes excepto el perejil en una sartén grande. Añada pimienta molida y ½ cucharadita de sal. Lleve a ebullición.

○ Baje el fuego y cueza durante 12 minutos, removiendo con frecuencia.

○ Rectifique la sazón. Añada el perejil.

tofu ahumado
250 g

ajo
× 3 dientes

guisantes congelados
150 g

perejil
× 5 ramitas

72

POLLO, CHAMPIÑONES Y NATA

 **10 minutos de preparación**

 15 minutos de cocción

 para 4 personas

penne rigate
250 g

pollo fileteado
250 g

champiñones Portobello
250 g

vino blanco
20 cl

nata líquida
40 cl

perejil
× 6 ramitas

○ Trocee el pollo. Lave los champiñones y píquelos. Pique el perejil.

○ Ponga en una sartén grande todos los ingredientes, excepto el perejil. Añada 20 cl de agua, ½ cucharadita de sal y pimienta molida. Lleve a ebullición.

○ Baje el fuego y deje que cueza durante 12 minutos, removiendo con frecuencia.

○ Apague el fuego y espere 2 minutos. Añada el perejil y mezcle. Rectifique la sazón si es necesario.

SALCHICHA Y COMTÉ

 10 minutos de preparación

 20 minutos de cocción

 para 4 personas

rigatoni
250 g

salchicha
× 1

○ Pele la cebolla y píquela. Corte en dados la salchicha y el queso comté.

○ Ponga en una sartén grande todos los ingredientes, excepto el queso comté y el cebollino. Añada 75 cl de agua, ½ cucharadita de sal y pimienta molida. Lleve a ebullición.

cebolla
× 1

mostaza a la antigua
2 cucharadas

○ Baje el fuego y deje que cueza durante 15 minutos, removiendo con frecuencia.

○ Apague el fuego, añada el queso comté y el cebollino. Mezcle y espere 2 minutos. Mezcle de nuevo. Rectifique la sazón si es necesario.

queso comté
200 g

cebollino
× 1 manojo

SALCHICHA, HINOJO Y TOMATE

 10 minutos de preparación

 20 minutos de cocción

 para 4 personas

rigatoni
250 g

cebolla
× 1

carne de salchicha
300 g

tomate troceado
en conserva
400 g

ajo
× 4 dientes

semillas de hinojo
1 cucharada colmada

○ Pele la cebolla y el ajo. Pique la cebolla, maje el ajo y forme bolitas con la carne de salchicha.

○ Ponga todos los ingredientes en una sartén grande. Añada 60 cl de agua, ½ cucharadita de sal y pimienta molida. Lleve a ebullición.

○ Baje el fuego y deje que cueza durante 15 minutos, removiendo con frecuencia.

○ Espere 2 minutos. Mezcle de nuevo y rectifique la sazón si es necesario.

78

SALCHICHA, COL RIZADA Y PARMESANO

 10 minutos de preparación

 20 minutos de cocción

 para 4 personas

penne
250 g

salchicha
× 2

○ Quite el tallo duro de la col rizada. Pele la cebolla y píquela. Corte las salchichas en rodajas.

○ Ponga en una sartén grande todos los ingredientes, excepto el queso. Añada 70 cl de agua, ½ cucharadita de sal y pimienta molida. Lleve a ebullición.

cebolla
× 1

col rizada
250 g

○ Baje el fuego y deje que cueza durante unos 15 minutos, removiendo con frecuencia.

○ Apague el fuego, añada el queso parmesano rallado, mezcle y espere 2 minutos. Mezcle otra vez. Rectifique la sazón si es necesario.

queso parmesano
50 g

aceite de oliva
3 cl

80

PATO Y CHAMPIÑONES

 10 minutos de preparación

 20 minutos de cocción

 para 4 personas

rigatoni
250 g

confit de pato
× 2 muslos

champiñones Portobello
300 g

ajo
× 4 dientes

cebollino
× 1 manojo

queso parmesano
40 g

○ Lave los champiñones y córtelos en 6 trozos. Pele el ajo y májelo. Desmenuce la carne de pato.

○ Ponga en una sartén grande todos los ingredientes excepto el queso y el cebollino. Añada 70 cl de agua, ½ cucharadita de sal, 2 cucharadas de grasa de pato y pimienta molida. Lleve a ebullición.

○ Baje el fuego y deje que cueza durante 15 minutos, removiendo con frecuencia.

○ Apague el fuego. Añada el queso parmesano rallado y el cebollino picado. Espere 2 minutos y mezcle.

ATÚN, OLIVADA Y TOMATE

 10 minutos de preparación

 15 minutos de cocción

 para 4 personas

pipe rigate
250 g

olivada
90 g

tomates secos en aceite
80 g

calabacín
× 1 grande

ajo
× 5 dientes

atún en aceite de oliva
200 g

○ Corte los calabacines en medias rodajas y los tomates, en tiras. Pele el ajo y májelo.

○ Ponga en la sartén todos los ingredientes, excepto el atún. Añada 70 cl de agua y 2 cl de aceite del atún. Sazone ligeramente. Lleve a ebullición.

○ Baje el fuego y deje que cueza durante 12 minutos, removiendo con frecuencia.

○ Apague el fuego. Incorpore el atún y espere 2-3 minutos. Mezcle y rectifique la sazón.

ATÚN, ACEITUNAS Y ALCAPARRAS

penne
250 g

atún en aceite de oliva
250 g

 5 minutos de preparación

 20 minutos de cocción

 para 4 personas

○ Pele y pique o maje el ajo.

○ Ponga en una sartén grande todos los ingredientes excepto el atún. Añada 70 cl de agua, ½ cucharadita de sal, 5 cl de aceite del atún y pimienta molida. Lleve a ebullición.

tomate concentrado
70 g

aceitunas negras
150 g

○ Baje el fuego y deje que cueza durante unos 15 minutos, removiendo con frecuencia.

○ Apague el fuego. Añada el atún, mezcle y espere 2 minutos. Rectifique la sazón si es necesario.

alcaparras
3 cucharadas

ajo
× 4 dientes

BACALAO, PUERRO Y CREMA

 10 minutos de preparación

 20 minutos de cocción

 para 4 personas

rigatoni
250 g

bacalao ahumado
250 g

puerro
× 1

col
× ¼

leche evaporada
40 cl

ajo
× 4 dientes

○ Pele y pique la col. Corte el puerro en rodajas y el bacalao en dados. Pele el ajo y májelo.

○ Ponga todos los ingredientes en una sartén grande. Añada 40 cl de agua y sazone con pimienta molida. Lleve a ebullición.

○ Baje el fuego y deje que cueza durante 15 minutos, removiendo con frecuencia.

○ Apague el fuego y espere 2 minutos. Mezcle bien y rectifique la sazón si es necesario.

88

SOPA DE PESCADO Y CHORIZO

 5 minutos de preparación

 20 minutos de cocción

 para 4 personas

pipe rigate
250 g

sopa de pescado
80 cl

pimiento rojo
× 1 pequeño

chorizo picante
100 g

gambas congeladas
200 g

guisantes congelados
200 g

○ Lave el pimiento, quítele las semillas y córtelo en tiras. Corte el chorizo en rodajas medianas.

○ Ponga todos los ingredientes en una sartén grande.

○ Lleve a ebullición. Baje el fuego y deje que cueza durante 15 minutos, removiendo con frecuencia.

○ Apague el fuego, tape la sartén y espere entre 3 y 5 minutos. Mezcle y rectifique la sazón si es necesario.

TRES QUESOS

 5 minutos de preparación

 15 minutos de cocción

 para 4 personas

cavatappi
250 g

queso comté rallado
150 g

roquefort
100 g

mozzarella
125 g

rúcula
100 g

ajo
× 3 dientes

○ Pele el ajo y májelo. Desmenuce la mozzarella y el roquefort. Ponga la pasta y el ajo en una sartén grande. Añada ½ cucharadita de sal, 70 cl de agua y pimienta molida. Lleve a ebullición.

○ Baje el fuego y deje que cueza 10 minutos, removiendo con frecuencia. Añada los quesos, mezcle, tape la sartén y espere 2 minutos.

○ Mezcle, rectifique la sazón y sirva con la rúcula.

92

OLIVADA, HABAS Y TOMATES

fusilli
250 g

tomates cherry
250 g

 5 minutos de preparación

 20 minutos de cocción

 para 4 personas

habitas congeladas
200 g

olivada
90 g

○ En una sartén grande, ponga el ajo majado, 70 cl de agua, ½ cucharadita de sal, pimienta molida y el resto de los ingredientes, excepto el limón. Lleve a ebullición.

○ Baje el fuego y deje que cueza durante 15 minutos, removiendo con frecuencia.

○ Rectifique la sazón y sirva con la ralladura del limón.

ajo
× 3 dientes

limón
× 1

94

PIMIENTO, MASCARPONE Y FETA

 10 minutos de preparación

 15 minutos de cocción

 para 4 personas

cellentani
250 g

pimientos asados
en conserva
250 g

○ Pele el ajo y píquelo. Corte los pimientos y las berenjenas en trozos regulares.

○ Ponga en una sartén grande todos los ingredientes excepto el queso feta. Añada 70 cl de agua, ½ cucharadita de sal y pimienta molida. Lleve a ebullición.

berenjenas asadas
congeladas
250 g

mascarpone
2 cucharadas colmadas

○ Baje el fuego y deje que cueza durante 12 minutos, removiendo con frecuencia.

○ Añada el queso feta desmenuzado y mezcle. Rectifique la sazón si es necesario.

feta
100 g

ajo
× 4 dientes

96

CHAMPIÑONES Y ESPINACAS

cellentani
250 g

puerro
× 1

espinacas
200 g

champiñones Portobello
300 g

ajo
× 4 dientes

queso comté
150 g

 15 minutos de preparación

 15 minutos de cocción

 para 4 personas

○ Lave las verduras. Pele el ajo y retire el tallo duro de las espinacas. Pique el ajo, los champiñones y el puerro.

○ Ponga en una sartén grande todos los ingredientes excepto el queso comté. Añada ½ cucharadita de sal, pimienta molida y 70 cl de agua. Lleve a ebullición.

○ Baje el fuego y deje que cueza durante 12-15 minutos, removiendo con frecuencia.

○ Rectifique la sazón. Sirva con el queso comté rallado.

JUDÍAS Y TOMATE

 10 minutos de preparación

 20 minutos de cocción

 para 4 personas

casarecce
250 g

judías verdes extrafinas
200 g

○ Lave las alubias blancas y escúrralas. Quite las puntas de las judías verdes y córtelas en dos o tres trozos. Pele el ajo y píquelo.

○ Ponga todos los ingredientes en una sartén grande. Añada ½ cucharadita de sal, pimienta molida y 65 cl de agua. Lleve a ebullición.

alubias blancas
200 g

tomate troceado
en conserva
400 g

○ Baje el fuego y deje que cueza durante unos 15 minutos, removiendo con frecuencia.

○ Rectifique la sal.

manojo de hierbas
× 1

ajo
× 4 dientes

100

ROQUEFORT Y HOJAS DE ENSALADA

 5 minutos de preparación

 15 minutos de cocción

 para 4 personas

fusilli
250 g

achicoria roja de Treviso
× 1

○ Pele y pique la cebolla. Pique la achicoria.

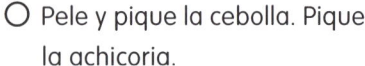

○ Vuelque en una sartén grande la pasta, la cebolla y la nata. Añada ½ cucharadita de sal, pimienta molida y 40 cl de agua. Lleve a ebullición.

cebolla
× 1

roquefort
150 g

○ Baje el fuego. Deje que cueza durante 13 minutos, removiendo con frecuencia. Apague el fuego y añada el roquefort desmenuzado. Tape la sartén y espere 2 minutos.

○ Mezcle y rectifique la sazón. Añada las hojas de achicoria y de rúcula. Sirva.

nata líquida
30 cl

rúcula
40 g

CALABAZA Y COL RIZADA

 10 minutos de preparación

 20 minutos de cocción

 para 4 personas

cellentani
250 g

calabaza violín
400 g

col rizada
300 g

caldo de verduras
× 1 cubito

ajo
× 4 dientes

aceite de oliva
3 cl

○ Pele la calabaza y córtela en dados. Lave la col rizada y quítele el tallo duro. Pele el ajo y májelo.

○ Ponga en una sartén grande la pasta, el caldo, el aceite, el ajo y, por último, las verduras. Sazone con pimienta molida.

○ Añada 75 cl de agua y ½ cucharadita de sal. Lleve a ebullición. Baje el fuego y deje que cueza durante 15 minutos, removiendo con frecuencia. Rectifique la sazón si es necesario.

PISTO DE VERDURAS

 5 minutos de preparación

 20 minutos de cocción

 para 4 personas

fusilli
250 g

pisto de verduras
congelado
600 g

○ Pele el ajo y píquelo o májelo.

○ Ponga en una sartén grande la pasta, el pisto aún congelado, el ajo y el aceite. Añada ½ cucharadita de sal, pimienta molida y 50 cl de agua. Lleve a ebullición.

queso parmesano
60 g

ajo
× 4 dientes

○ Baje el fuego y deje que cueza durante 15 minutos, removiendo con frecuencia. Si es necesario, rectifique la sazón.

○ Sirva con queso parmesano rallado y hojas de albahaca.

albahaca
× 1 manojo

aceite de oliva
3 cl

CREMA DE PIMIENTO

 10 minutos de preparación

 20 minutos de cocción

 para 4 personas

trofie
250 g

pimientos asados
en conserva
200 g

○ Lave y escurra los pimientos. Tritúrelos junto con la leche de almendras, el ajo pelado y ½ cucharadita de sal.

○ Vierta la mezcla en una sartén grande. Añada la pasta, los tomates y 10 cl de agua. Sazone con pimienta molida y lleve a ebullición.

tomates cherry
250 g

ajo
× 4 dientes

○ Baje el fuego y deje que cueza durante 15 minutos. Remueva con frecuencia.

○ Rectifique la sazón si es necesario y sirva con albahaca.

leche de almendras
50 cl

albahaca
× 1 manojo

108

LENTEJAS, TOMATE Y ALBAHACA

5 minutos de preparación

20 minutos de cocción

para 4 personas

fusilli
250 g

lentejas coral
120 g

○ Pele y pique la cebolla y el ajo.
Deshoje la albahaca.

○ Ponga en una sartén grande la
pasta, el tomate, la cebolla, el ajo
y las lentejas. Añada pimienta
molida, ½ cucharadita de sal y
70 cl de agua. Lleve a ebullición.

tomate troceado
en conserva
400 g

cebolla
× 1

○ Baje el fuego y deje que cueza
durante 15 minutos, removiendo
con frecuencia.

○ Rectifique la sazón, añada
la albahaca y mezcle.

ajo
× 4 dientes

albahaca
× 1 manojo grande

110

PIMIENTO, CHORIZO Y TOMATE

fusilli
250 g

tomate troceado
en conserva
400 g

 10 minutos de preparación

 20 minutos de cocción

 para 4 personas

cebolla
× 1

pimiento rojo
× 1 pequeño

○ Pele la cebolla y píquela. Corte el chorizo en rodajas. Lave el pimiento, quítele las semillas y córtelo en tiras. Pique el perejil.

○ Ponga en una sartén grande todos los ingredientes excepto el perejil. Añada 65 cl de agua, ½ cucharadita de sal y pimienta molida.

○ Lleve a ebullición. Baje el fuego y deje que cueza durante unos 15 minutos, removiendo con frecuencia.

○ Añada el perejil y rectifique la sazón si es necesario.

chorizo
150 g

perejil
× 6 ramitas

112

SALCHICHA, PESTO Y ESPINACAS

 15 minutos de preparación

 15 minutos de cocción

 para 4 personas

trofie
250 g

tomates cherry
250 g

salchicha fresca
250 g

salsa pesto
100 g

espinacas
150 g

○ Retire el tallo duro de las espinacas y corte la salchicha en trozos.

○ Ponga en una sartén grande todos los ingredientes excepto el pesto. Añada 60 cl de agua, ½ cucharadita de sal y pimienta molida. Lleve a ebullición.

○ Baje el fuego y deje que cueza durante 10 minutos, removiendo con frecuencia. Añada el pesto y remueva bien.

○ Apague el fuego y espere 3 minutos. Vuelva a remover. Rectifique la sazón si es necesario.

114

ATÚN, ALCACHOFAS Y ALBAHACA

 5 minutos de preparación

 15 minutos de cocción

 para 4 personas

fusilli
250 g

tomate confitado
100 g

atún en aceite de oliva
300 g

alcachofas en aceite
300 g

ajo
× 5 dientes

albahaca
× 1 manojo

○ Pele el ajo y píquelo. Corte las alcachofas en cuartos.

○ Ponga en una sartén grande los ingredientes excepto el atún y la albahaca. Añada 70 cl de agua, 5 cl de aceite del atún, ½ cucharadita de sal y pimienta molida.

○ Lleve a ebullición. Baje el fuego y deje que cueza durante 12 minutos, removiendo con frecuencia.

○ Apague el fuego. Añada el atún y la albahaca. Espere 2 minutos y mezcle. Rectifique la sazón si es necesario.

SALMÓN, GUISANTES Y QUESO DE CABRA

casarecce
250 g

tirabeques congelados
150 g

 5 minutos de preparación

 15 minutos de cocción

 para 4 personas

guisantes congelados
150 g

salmón fresco
300 g

○ Pele el ajo y májelo. Corte el salmón en dados grandes.

○ En una sartén grande, ponga todos los ingredientes excepto el queso de cabra. Añada 70 cl de agua, ½ cucharadita de sal y pimienta molida. Lleve a ebullición.

○ Baje el fuego y deje que cueza durante 10 minutos, removiendo con frecuencia.

○ Apague el fuego. Desmenuce el queso de cabra e incorpórelo a la sartén. Espere 2 minutos y mezcle. Rectifique la sazón.

queso de cabra fresco
100 g

ajo
× 5 dientes

GAMBAS, CURRI Y COCO

 5 minutos de preparación

 15 minutos de cocción

 para 4 personas

cellentani
250 g

gambas crudas
congeladas
× 12

pasta de curri rojo tailandés
1 cucharada rasa

leche de coco
40 cl

albahaca
× 1 manojo

lima
× 1

○ Ponga en una sartén grande todos los ingredientes excepto la lima. Añada 40 cl de agua y ½ cucharadita de sal. Lleve a ebullición.

○ Baje el fuego y deje que cueza durante 10 minutos, removiendo con frecuencia.

○ Sirva con las hojas de albahaca y con la ralladura y el zumo de la lima. Mezcle y, si es necesario, corrija la sazón.

SARDINAS, HINOJO Y ALCAPARRAS

trofie
250 g

sardinas en
aceite de oliva
× 2 latas

 10 minutos de preparación

 15 minutos de cocción

 para 4 personas

hinojo
× 1

ajo
× 4 dientes

○ Lave el hinojo y córtelo en dados. Pele el ajo y májelo.

○ Ponga en una sartén grande todos los ingredientes excepto las alcaparras y las sardinas. Añada 65 cl de agua, el aceite de las sardinas, ½ cucharadita de sal y pimienta molida. Lleve a ebullición.

○ Baje el fuego y deje que cueza durante 10 minutos, removiendo con frecuencia.

○ Apague el fuego y añada las alcaparras y las sardinas. Mezcle con cuidado y espere 2 minutos. Vuelva a remover y, si es necesario, rectifique la sazón.

tomate concentrado
70 g

alcaparras
3 cucharadas

122

BRÓCOLI, AJO Y ANCHOAS

 10 minutos de preparación

 15 minutos de cocción

 para 4 personas

trofie
250 g

brócoli
400 g

○ Separe los floretes de brócoli y corte los más grandes en dos o tres trozos. Pele el ajo y píquelo.

anchoas en aceite
80 g

ajo
× 5 dientes

○ Ponga en una sartén grande todos los ingredientes, excepto el limón. Añada el aceite de las anchoas, 75 cl de agua y una pizca de sal. Lleve a ebullición.

○ Baje el fuego y deje que cueza durante 12 minutos, removiendo con frecuencia.

limón
× 1

guindilla molida
al gusto

○ Añada la ralladura y la mitad del zumo del limón. Rectifique la sazón si es necesario.

la pasta favorita de los niños

JAMÓN COCIDO, MANTEQUILLA Y COMTÉ

 15 minutos de preparación

 10 minutos de cocción

 para 4 personas

chifferi
250 g

mantequilla
50 g

○ Corte el jamón en dados y ralle el queso comté.

○ En una sartén grande, ponga la pasta, la mantequilla, 60 cl de agua, ½ cucharadita de sal y pimienta molida. Lleve a ebullición.

queso comté
150 g

jamón cocido
× 4 lonchas

○ Lleve a ebullición. Baje el fuego y deje que cueza durante 7 minutos, removiendo con frecuencia.

○ Apague el fuego, añada el queso rallado y el jamón. Tape la sartén, espere 2 minutos y remueva. Rectifique la sazón si es necesario.

la pasta favorita de los niños

MACARRONES CON QUESO

 5 minutos de preparación

 15 minutos de cocción

 para 4 personas

macarrones
250 g

leche evaporada
40 cl

mantequilla
25 g

ajo
× 3 dientes

queso cheddar
200 g

mostaza
2 cucharadas

○ Pele el ajo y májelo. Ralle el queso cheddar.

○ Ponga en una sartén grande todos los ingredientes excepto el queso. Añada ½ cucharadita de sal, 40 cl de agua y pimienta molida. Lleve a ebullición.

○ Baje el fuego y deje que cueza durante 10 minutos, removiendo con frecuencia.

○ Apague el fuego. Añada el queso rallado y mezcle. Tape la sartén y espere 2 minutos. Mezcle de nuevo y rectifique la sazón.

128

la pasta favorita de los niños

QUESO A LAS FINAS HIERBAS Y ESPINACAS

 10 minutos de preparación

 15 minutos de cocción

 para 4 personas

farfalle
250 g

queso para untar a
las finas hierbas
150 g

espinacas
300 g

ajo
× 3 dientes

nata líquida
40 cl

○ Lave las espinacas y quíteles los tallos duros. Pele el ajo y májelo.

○ Ponga todos los ingredientes en una sartén grande. Añada ½ cucharadita de sal, 30 cl de agua y pimienta molida. Lleve a ebullición.

○ Baje el fuego y deje que cueza durante 12 minutos, removiendo con frecuencia.

○ Mezcle y, si es necesario, rectifique la sazón.

130

la pasta favorita de los niños

FILETE RUSO, CHEDDAR Y KÉTCHUP

 10 minutos de preparación

 10 minutos de cocción

 para 4 personas

chifferi
250 g

carne de ternera picada
250 g

cebolla
× 1

pepinillos bajos en sal
× 4

kétchup
8 cucharadas

queso cheddar
200 g

○ Sazone la carne picada y forme bolitas pequeñas con ella. Pique la cebolla y los pepinillos. Corte el queso en dados. Ponga todos los ingredientes, excepto los pepinillos y el queso, en una sartén grande.

○ Añada ½ cucharadita de sal, 65 cl de agua y pimienta molida. Lleve a ebullición.

○ Baje el fuego y deje que cueza durante 7 minutos, removiendo con frecuencia.

○ Apague el fuego, añada el queso cheddar rallado y los pepinillos. Tape la sartén y espere 2 minutos. Mezcle y, si es necesario, rectifique la sazón.

la pasta favorita de los niños

QUESITOS Y CALABACÍN

 10 minutos de preparación

 15 minutos de cocción

 para 4 personas

farfalle
250 g

calabacines
× 2 pequeños

quesitos
× 12 porciones

nata líquida
30 cl

○ Pique los calabacines y el cebollino. Pele el ajo y májelo.

○ Ponga en una sartén grande todos los ingredientes, excepto el cebollino. Añada ½ cucharadita de sal, 30 cl de agua y pimienta molida. Lleve a ebullición.

○ Baje el fuego y deje que cueza durante 12 minutos, removiendo con frecuencia.

○ Rectifique la sazón. Sirva con el cebollino.

ajo
× 2 dientes

cebollino
× 1 manojo

134

la pasta favorita de los niños

FRÁNKFURT, KÉTCHUP Y CHEDDAR

 5 minutos de preparación

 15 minutos de cocción

 para 4 personas

macarrones
250 g

salchichas de fránkfurt
× 5

○ Pele la cebolla y píquela. Corte las salchichas en trozos pequeños.

○ Ponga todos los ingredientes, excepto el queso, en una sartén grande. Añada 70 cl de agua, ½ cucharadita de sal y pimienta molida. Lleve a ebullición.

cebolla
× 1 pequeña

queso cheddar rallado
100 g

○ Baje el fuego y deje que cueza durante 10 minutos, removiendo con frecuencia.

○ Apague el fuego. Añada el queso, remueva y espere 2 minutos. Mezcle bien. Rectifique la sazón si es necesario.

kétchup
6 cucharadas

mostaza
2 cucharadas

136

la pasta favorita de los niños

ESPÁRRAGOS, COPPA Y CEBOLLA

 10 minutos de preparación

 15 minutos de cocción

 para 4 personas

farfalle
250 g

tomates
× 4

cebolletas
× 4

coppa
100 g

espárragos verdes
× 1 manojo

aceite de oliva
5 cl

O Quite la parte inferior de los espárragos y córtelos en tres trozos. Pele las cebollas y píquelas. Corte los tomates en cuartos.

O Ponga todos los ingredientes en una sartén grande. Añada 65 cl de agua, ½ cucharadita de sal y pimienta molida. Lleve a ebullición.

O Baje el fuego y deje que cueza durante 12 minutos, removiendo con frecuencia. Si es necesario, rectifique la sazón.

la pasta favorita de los niños

MINESTRONE DE MISO

 15 minutos de preparación

 10 minutos de cocción

 para 4 personas

chifferi
250 g

zanahorias
× 2

○ Limpie todas las verduras
y píquelas. Meta todos los
ingredientes en una cacerola
grande. Añada 1,4 litros de
agua y lleve a ebullición.

calabacín
× 1

champiñones Portobello
× 8 medianos

○ Baje el fuego y deje que cueza
durante unos 6 minutos. Rectifique
la sazón si es necesario. Si desea
una sopa de sabor más intenso,
añada al agua 1 cubito de caldo
de verduras.

wakame
2 cucharadas colmadas

miso marrón
2 cucharadas

140

la pasta favorita de los niños

COL Y SALCHICHA

 10 minutos de preparación

 20 minutos de cocción

 para 4 personas

orecchiette
250 g

col
× ½ pequeña

○ Pique la col y la cebolla pelada. Pele el ajo y májelo. Forme bolitas con la carne.

carne de salchicha
300 g

cebolla
× 1

○ Ponga todos los ingredientes en una sartén grande. Añada 75 cl de agua, ½ cucharadita de sal y pimienta molida.

○ Lleve a ebullición. Baje el fuego y deje que cueza durante unos 15 minutos, removiendo con frecuencia. Añada un poco de agua si es necesario.

ajo
× 4 dientes

aceite de oliva
3 cl

○ Apague el fuego y deje reposar 2 minutos. Mezcle y rectifique la sazón.

la pasta favorita de los niños

BRÓCOLI, PANCETA Y GUINDILLA

 15 minutos de preparación

 20 minutos de cocción

 para 4 personas

orecchiette
250 g

brócoli
400 g

○ Pele el ajo y píquelo. Separe los floretes de brócoli. Corte la panceta en trozos regulares.

panceta ahumada
200 g

ajo
× 4 dientes

○ Ponga todos los ingredientes en una sartén grande. Añada ½ cucharadita de sal, 70 cl de agua y salpimiente. Lleve a ebullición.

○ Baje el fuego y deje que cueza durante 15 minutos, removiendo con frecuencia.

aceite de oliva
5 cl

guindilla molida
al gusto

○ Rectifique la sazón si es necesario. Puede servir la pasta con queso parmesano rallado.

144

la pasta favorita de los niños

CALABAZA, COCO Y CURRI

🔪 **10 minutos de preparación**

🍲 **15 minutos de cocción**

😊 **para 4 personas**

farfalle
250 g

puré de calabaza congelado
200 g

leche de coco
40 cl

espinacas
300 g

curri en polvo
1 cucharada colmada

jengibre
25 g

○ Lave las espinacas y quíteles los tallos duros. Pele el jengibre y rállelo.

○ Ponga todos los ingredientes en una sartén grande. Añada 30 cl de agua y ½ cucharadita de sal. Lleve a ebullición.

○ Baje el fuego y deje que cueza durante 12 minutos, removiendo con frecuencia.

○ Mezcle y, si es necesario, rectifique la sazón.

146

la pasta favorita de los niños

MINESTRONE CON CONCHIGLIE

conchiglie
150 g

caldo de verduras
× 1 cubito

 10 minutos de preparación

 10 minutos de cocción

 para 4 personas

alubias blancas en conserva
200 g

zanahoria
× 1

○ Corte la zanahoria y el calabacín en dados. Pique el apio. Lave las alubias blancas y escúrralas.

○ Ponga todos los ingredientes en una cacerola. Añada 1,3 litros de agua y lleve a ebullición.

○ Baje el fuego y deje que cueza durante unos 7 minutos. Sazone.

○ Si quiere una sopa más sabrosa, puede añadir hierbas y verduras de temporada a su gusto.

calabacín
× 1

apio
× 2 ramas

148

la pasta favorita de los niños

GARAM MASALA Y COCO

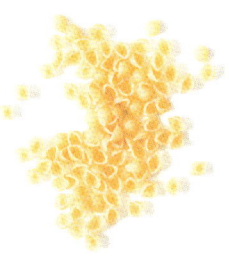

conchiglie
250 g

tomates
× 3

 10 minutos de preparación

 15 minutos de cocción

 para 4 personas

leche de coco
40 cl

cebolla
× 1

○ Pele la cebolla y píquela. Corte los tomates en dados grandes. Pique el cilantro.

○ Ponga en una sartén o en una cacerola la pasta, la cebolla, el garam masala, los tomates y la leche de coco. Añada 30 cl de agua y ½ cucharadita de sal. Lleve a ebullición.

○ Baje el fuego y deje que cueza durante 10 minutos, removiendo con frecuencia.

○ Rectifique la sazón si es necesario. Sirva con cilantro. También puede añadir zumo de lima al gusto.

garam masala
× 1 cucharada colmada

cilantro
× 1 manojo

la pasta favorita de los niños

HORTALIZAS DE INVIERNO

 15 minutos de preparación

 20 minutos de cocción

 para 4 personas

ditalini
250 g

calabaza violín
250 g

apionabo
250 g

puerro
× 1

col
× ¼

aceite de oliva
5 cl

○ Pique la col y el puerro. Corte el apionabo y la calabaza en dados medianos.

○ Ponga la pasta, el aceite, el puerro, la col, el apionabo y la calabaza en una sartén grande. Añada ½ cucharadita de sal, 75 cl de agua y pimienta molida. Lleve a ebullición.

○ Baje el fuego y deje que cueza durante 15 minutos, removiendo con frecuencia.

○ Rectifique la sazón. Si desea que el sabor sea más intenso, añada al agua 1 cubito de caldo de verduras.

152

la pasta favorita de los niños

CHILI SIN CARNE

ditalini
250 g

tomate troceado
en conserva
400 g

 5 minutos de preparación

 20 minutos de cocción

 para 4 personas

○ Lave el pimiento, quítele las semillas y córtelo en dados. Lave las alubias y escúrralas.

pimiento verde
× 1

lima
× 1

○ Ponga en una sartén grande los ditalini, el tomate, el comino, el pimiento y las alubias. Añada 70 cl de agua y ½ cucharadita de sal. Lleve a ebullición.

○ Baje el fuego y deje que cueza durante unos 15 minutos sin dejar de remover.

alubias rojas
400 g

comino
× 1 cucharada

○ Añada la ralladura y la mitad del zumo de la lima. Mezcle bien y rectifique la sazón. Si añade un poco de ajo y cilantro justo antes de servir, el plato quedará más sabroso.

154

MINESTRONE CON TORTELLINIS

 5 minutos de preparación

 10 minutos de cocción

 para 4 personas

tortellinis secos
150 g

verduras congeladas
300 g

O Corte los tomates en dados. Lave las alubias blancas y escúrralas.

O Ponga todos los ingredientes excepto el queso en una cacerola grande. Agregue 1,2 litros de agua. Lleve a ebullición.

alubias blancas
en conserva
200 g

tomates
× 2

O Baje el fuego y deje que cueza durante 8 minutos.

O Rectifique la sazón si es necesario. Sirva con virutas de parmesano.

caldo de pollo
× 1 cubito

queso parmesano
30 g

ALCACHOFAS Y GUISANTES

 5 minutos de preparación

 10 minutos de cocción

 para 4 personas

tortellinis secos
250 g

alcachofas en aceite
250 g

○ Pele el ajo y píquelo. Corte las alcachofas en cuartos.

○ Ponga todos los ingredientes excepto el queso en una sartén grande. Añada 20 cl de agua. Sazone y lleve a ebullición.

○ Baje el fuego y deje que cueza durante 8 minutos.

guisantes congelados
200 g

ajo
× 4 dientes

○ Rectifique la sazón si es necesario. Sirva con virutas de parmesano. Si desea que las alcachofas queden crujientes, añádalas a la mitad de la cocción.

nata líquida
40 cl

queso parmesano
40 g

MANTEQUILLA, AJO Y PEREJIL

 5 minutos de preparación

 5 minutos de cocción

 para 4 personas

tortellinis frescos
400 g

mantequilla
100 g

○ Pele el ajo y córtelo en láminas. Lave el perejil y píquelo.

○ Derrita a fuego bajo la mantequilla cortada en láminas. Retire la espuma blanca con una cuchara. Añada el ajo y el perejil. Rehogue durante 1-2 minutos a fuego bajo.

○ Añada una pizca de sal y pimienta.

○ Sirva la pasta regada con la salsa.

perejil
× 2-3 ramitas

ajo
× 2 dientes pequeños

SALSA MORNAY

 20 minutos de preparación

 10 minutos de cocción

 para 4 personas

mantequilla
30 g

harina
30 g

leche
300 ml

queso gruyer rallado
20 g

caldo de verduras
× 1 cubito

nuez moscada
1 pizca

○ Prepare el caldo según las instrucciones de su envase.

○ Derrita la mantequilla troceada en una cazuela a fuego bajo. Añada la harina y mezcle con una batidora de varillas durante 1-2 minutos.

○ Vierta la leche y 50 ml de caldo poco a poco. Mezcle durante unos 5 minutos. La salsa ha de quedar espesa.

○ Añada la nuez moscada, la sal, la pimienta y el queso rallado. Remueva a fuego bajo para que el queso se funda. Sirva inmediatamente con pasta rellena.

BERENJENAS ASADAS

 15 minutos de preparación

 10 minutos de cocción

para 4 personas

raviolis frescos
400 g

berenjenas asadas
congeladas
250 g

ajo
× ½ diente

salsa bechamel
250 ml

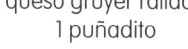

queso gruyer rallado
1 puñadito

cebollino
× ½ manojo

○ Lave el cebollino y píquelo muy fino. Pele el ajo.

○ En una sartén a fuego medio, ponga la bechamel y el ajo majado. Añada las berenjenas congeladas y 2 cucharadas de cebollino picado. Mantenga a fuego bajo durante unos 10 minutos. Salpimiente.

○ Sirva con los ravioli y espolvoree queso gruyer rallado.

164

REMOLACHA Y PARMESANO

 25 minutos de preparación

 15 minutos de cocción

 para 4 personas

remolacha cocida
300 g

vinagre balsámico
1-2 cucharadas

○ Corte la remolacha en dados. Pele la cebolla y córtela en tiras. Ralle el queso. Prepare el caldo según las instrucciones de su envase.

○ Triture la remolacha junto con 250 ml de caldo.

caldo de verduras
× 1 cubito

queso parmesano
15 g

○ Rehogue la cebolla en aceite de oliva durante unos 10 minutos en una cacerola a fuego medio.

○ Añada a la cacerola el puré de remolacha, el queso y el vinagre balsámico. Caliente a fuego bajo durante unos 3 minutos. Salpimiente. Sirva con los ravioli.

cebolla
× 1

aceite de oliva
1 chorrito

CHEDDAR Y MOSTAZA

 15 minutos de preparación

 10 minutos de cocción

 para 4 personas

raviolis frescos
400 g

queso cheddar
75 g

○ Lave el cebollino y píquelo muy fino. Ralle grueso el queso cheddar.

nata espesa
250 ml

mostaza
2 cucharaditas

○ Ponga la nata y la mostaza en una cacerola a fuego medio. Mezcle bien.

○ Añada el queso y 1 o 2 cucharadas de cebollino picado. Mezcle y mantenga a fuego bajo durante 5-7 minutos. Salpimiente. Sirva con los raviolis.

cebollino
× ½ manojo

pasta rellena y con salsa

OPORTO Y MELÓN

 25 minutos de preparación

 15 minutos de cocción

 para 4 personas

raviolis frescos
400 g

melón
1 kg

○ Corte el melón por la mitad, quítele las pepitas y córtelo en dados sin la piel. Lave el perejil y píquelo muy fino. Pele el ajo.

oporto
3 cl

ajo
× ½ diente pequeño

○ Ponga 5 cl de agua, el oporto, el ajo majado y los dados de melón en una cacerola a fuego medio. Mantenga a fuego bajo durante 12-15 minutos.

○ Añada el perejil al final de la cocción. Salpimiente. Sirva con los raviolis.

perejil
× 1-2 ramitas

170

pasta rellena y con salsa

POLLO A LA CÚRCUMA

 25 minutos de preparación

 15 minutos de cocción

 para 4 personas

pollo fileteado
300 g

yogur griego
× 2

○ Lave el cebollino y píquelo. Pele la cebolla y córtela muy fina. Trocee el pollo.

○ Ponga 3 cl de agua, la cebolla, la cúrcuma y el comino en una cazuela a fuego bajo. Remueva durante unos minutos.

cebolla
× 1

cúrcuma
1 cucharadita

○ Añada el pollo y dórelo a fuego medio durante unos minutos.

○ Añada los yogures y el cebollino picado. Mantenga a fuego bajo durante 8-10 minutos y remueva a menudo. Salpimiente. Sirva con tortellinis frescos.

comino
2 cucharaditas

cebollino
× ½ manojo

CALABAZA, COCO Y PANCETA

 20 minutos de preparación

 15 minutos de cocción

 para 4 personas

raviolis frescos
400 g

calabaza congelada
450 g

pimentón
½ cucharadita

panceta en tiras
120 g

perejil
× 2 ramitas

leche de coco
13 cl

○ Lave el perejil y píquelo muy fino.

○ Dore la panceta en una sartén a fuego medio hasta que quede crujiente. Resérvela.

○ Ponga 6 cl de agua y los dados de calabaza congelados en una cacerola a fuego medio. Deje que cueza durante unos 10 minutos, removiendo de vez en cuando. Añada la leche de coco y mezcle. Agregue el pimentón y la panceta. Mantenga a fuego bajo durante 5 minutos.

○ Esparza perejil por encima y salpimiente. Sirva con los raviolis.

CERVEZA Y TERNERA

 25 minutos de preparación

 20 minutos de cocción

 para 4 personas

carne de ternera
200 g

cebolla
× 1

○ Pele la cebolla y córtela en trozos pequeños. Corte la carne y el pan de especias en tiras gruesas. Prepare el fondo de ternera según las instrucciones de su envase.

fondo oscuro de ternera
× 1 ración

cerveza rubia
10 cl

○ Ponga en una cacerola a fuego medio la cebolla y la cerveza. Deje que cueza durante 5 minutos. Añada 20 cl de caldo, la mostaza y el pan de especias. Mantenga a fuego medio durante unos 10 minutos.

○ Añada la carne y mantenga a fuego bajo unos minutos. Salpimiente. Sirva con raviolis.

mostaza
1 cucharadita

pan de especias
× 2 rebanadas

176

OPORTO Y CHAMPIÑONES

 25 minutos de preparación

 20 minutos de cocción

 para 4 personas

raviolis frescos
400 g

champiñones Portobello
300 g

○ Lave el perejil y píquelo muy fino.

○ Dore la panceta en una sartén
a fuego medio hasta que quede
crujiente. Retire del fuego y reserve.

oporto
10 cl

panceta de cerdo en tiras
150 g

○ Ponga en una cacerola a fuego
medio el oporto y los champiñones
y deje que cueza durante unos 12-
15 minutos, removiendo de vez en
cuando. Añada la nata y remueva.
Agregue la panceta y mantenga
al fuego durante 5 minutos más.

○ Esparza perejil por encima y
salpimiente. Sirva con los raviolis.

perejil
× 2-3 ramitas

nata espesa
25 cl

178

pasta rellena y con salsa

ANCHOAS Y ALCACHOFAS

 15 minutos de preparación

 5 minutos de cocción

 para 4 personas

tortellinis frescos
400 g

anchoas
× 2

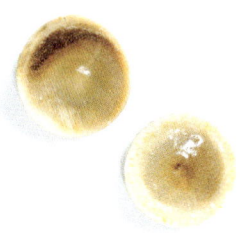

fondos de alcachofa
congelados
300 g

caldo de verduras
× 1 cubito

perejil
× 2 ramitas

○ Descongele los fondos de alcachofa según las instrucciones del envase. Córtelos en trozos finos. Prepare el caldo de verduras según las instrucciones de su envase.

○ Triture la mitad de las alcachofas junto con 10 cl de su caldo. Añada la otra mitad de las alcachofas, el perejil picado y las anchoas. Vuelva a triturar hasta que obtenga una mezcla homogénea. Salpimiente. Sirva con los tortellinis.

SALSA INDIA

 20 minutos de preparación

 10 minutos de cocción

 para 4 personas

raviolis frescos
400 g

espinacas frescas
150 g

ricotta
250 g

curri en polvo
1-2 cucharaditas

piñones
50 g

○ Lave las espinacas.

○ Tueste los piñones durante unos 3 minutos en una sartén a fuego medio.

○ En una cazuela a fuego medio con 10 cl de agua, blanquee las hojas de espinacas sin dejar de remover. Añada el curri y la ricotta. Mantenga a fuego bajo durante 5 minutos.

○ Añada los piñones y salpimiente hacia el final de la cocción. Añada un poco de agua si la salsa es demasiado espesa. Sirva con los raviolis.

pasta rellena y con salsa

MANGO Y CURRI

 25 minutos de preparación

 15 minutos de cocción

 para 4 personas

raviolis
4 láminas

mangos maduros
× 2 grandes

cebolla
× 1

guindilla roja de
picor medio
× 1

curri amarillo
1 cucharadita

aceite de oliva
1 chorrito

○ Corte los mangos por la mitad. Saque la pulpa y trocéela pequeña. Pele la cebolla y córtela fina. Lave la guindilla y haga láminas finas.

○ Ponga en una cacerola a fuego medio el aceite de oliva, la cebolla y el curri. Deje unos minutos, hasta que la cebolla quede translúcida. Añada 10 cl de agua, la guindilla y el mango. Mantenga a fuego bajo durante 12-15 minutos.

○ Salpimiente justo antes del fin de la cocción. Sirva con los raviolis.

pasta rellena y con salsa

ATÚN, COCO Y LIMA

 15 minutos de preparación

 10 minutos de cocción

 para 4 personas

raviolis frescos
400 g

atún en aceite de oliva
150 g

leche de coco
25 cl

lima
× 1

ajo
× ½ diente

guindilla roja de
picor medio
× 2 pequeñas

○ Lave la guindilla y córtela en rodajitas. Lave la lima y córtela en cuatro trozos. Pele el ajo.

○ Ponga en una cacerola a fuego medio la leche de coco, el ajo prensado y la guindilla. Remueva bien. Añada el atún desmenuzado, su aceite y el zumo de ¼ de lima. Remueva y mantenga a fuego bajo durante unos 5 minutos.

○ Salpimiente. Añada un trozo de lima o su zumo al gusto. Sirva con los raviolis.

186

GAMBAS AL CURRI

 25 minutos de preparación

 20 minutos de cocción

 para 4 personas

gambas
× 15

tomate troceado
en conserva
400 g

○ Lave la hierbabuena y píquela muy fina.

○ Ponga en una cacerola a fuego medio los tomates, el curri y el comino. Mantenga a fuego bajo durante 10-12 minutos. Añada el yogur griego y mezcle. Agregue las gambas y mantenga a fuego bajo durante 5-7 minutos.

yogur griego
× 1

curri amarillo
1-2 cucharaditas

○ Esparza la hierbabuena por encima. Salpimiente. Sirva con raviolis.

comino
1-2 cucharaditas

hierbabuena
× 8 hojas

188

Índice de recetas

Título original: *Les petits Marabout – Pasta party*

© 2026 Librero b.v. (edición española)
Hambakenwetering 8B
5231 DC 's-Hertogenbosch
Países Bajos
www.librero.nl

© Hachette Livre (Marabout), 2025

Recetas extraídas de los libros: *Pasta mágica – Superfácil,* de Orathay Souksisavanh,
y *Bolo Super facile*, de Anaïs Chabault

Fotografías de las recetas: Charlotte Lascève y Richard Boutin.
Fotografías de los ingredientes: © Richard Boutin, Rebecca Genet, Valéry Guedes, Akiko Ida,
Pierre Javelle, Charlotte Lascève y Elisa Watson

Supervisión editorial: Natacha Kotchetkova
Maquetación: Frédéric Voisin

Producción de la edición española:
Traducción: Montserrat Asensio Fernández
Redacción y maquetación: deleatur, Barcelona

Distribución exclusiva de la edición española:
Librero IBP S. L.
C/ Paseo de los Olmos, n.º 20
Planta 1.ª, oficina 7
28005 Madrid, España
www.librero-ibp.es

Printed by GPS in BiH, GRA112025
ISBN: 978-94-6499-205-2